AF250680

NOS VICTIMES

PAR

Édouard CONSTANTIN.

PRIX DE LA BROCHURE 1 FRANC

Cette brochure se vend pour fonder à Marseille, un service funèbre en faveur des victimes de nos dissentions politiques en 1871 (4 avril).

MARSEILLE

ANCIENNE IMPRIMERIE ET LITHOGRAPHIE SENÈS

H. VABE, SUCCESSEUR

Rue Montgrand, 36.

—

1875

NOS VICTIMES

NOS VICTIMES

Il est utile, au milieu des agitations stériles du présent, de jeter nos yeux vers le passé. L'histoire, a dit un célèbre orateur, est le flambeau du passé, dans les mains du présent, pour éclairer l'avenir.

Définition juste et profonde !

Nous n'avons pas besoin de remonter le cours des âges, jusqu'aux temps les plus reculés, pour puiser de salutaires enseignements dans l'étude de l'histoire, il suffit de reporter notre souvenir sur les événements qui se sont accomplis il y a à peine quelques années et dont nous avons été nous mêmes les auteurs.

Il n'est pas indispensable de scruter l'histoire de tel peuple ou de telle ville, pour nous guider dans nos actes futurs, nous n'avons qu'à étudier les faits qui se sont passés dans notre ville.

Or, en ouvrant les annales de Marseille, nous trouvons une page tâchée de sang, nous voyons des victimes, et ces victimes c'est nous tous qui les avons sacrifiées par nos dissentions politiques.

Loin de moi l'idée de raviver nos haines. L'œuvre que j'entreprends est toute d'apaisement et de conciliation. Cependant comme homme dévoué, avant tout, à mon pays, on ne trouvera pas mauvais que j'examine avec calme les causes de nos dissentions, afin d'indiquer un remède salutaire qui prévienne le retour d'un pareil état de choses.

Parmi ces causes, les unes sont éloignées de nous, les autres sont rapprochées.

Depuis à peu près un siècle, la France n'est plus une nation, c'est une arène où fourmillent trente-six millions d'hommes sans liens ni ciment.

Ils ne sont attachés les uns aux autres que par des chaînes d'intérêt et d'appétits ; chaînes qu'ils brisent de temps à autre pour s'entretuer avec les débris.

Une nation, en effet, dont la politique est subordonnée aux *faits accomplis* de la force brutale, est une nation complètement détachée du principe de la Justice, et n'est plus qu'une bête féroce qui, affamée, défend sa proie, mais qui, assouvie, se laisse prendre par le premier venu.

C'est ce qui peut nous donner une idée juste du succès de nos armes sous la première révolution et de notre défaite sous le second empire.

Depuis près d'un siècle la France ne parle que de ses droits et ne fait jamais son devoir.

Elle ne sème pas, elle ne songe qu'à récolter.

Elle ne travaille pas, elle veut jouir.

Elle s'insurge à tout instant contre l'Ordre et demande à tous les passants de lui dire où est la liberté.

L'orgueil propose tous les jours d'escalader le ciel par une tour, élevée au nom de l'Égalité et de la Fraternité. La tour est à peine commencée, et l'un n'entend déjà plus l'autre.

Autant d'hommes, autant de langages ; autant de politiques, autant de systèmes.

Les soi-disant hommes d'ordre, en France, parce qu'ils ont du talent, croient pouvoir gouverner sans principes, moyennant quelques lampions révolutionnaires qui éclairent leur marche.

C'est là un véritable mal, c'est là que se trouve le danger.

Ce sont les impuissants orgueilleux de l'Ordre, ces lapons politiques qui veulent faire de l'ordre avec le désordre, ce sont ces hommes qui sont la cause des malheurs de notre nation.

Race de demi-hommes, voulant et ne voulant pas, ils sont caractérisés dans ce proverbe allemand : *Ils veulent qu'on lave leur pélisse sans la mouiller.*

Ces hommes n'ont jamais pu s'élever jusqu'au pouvoir, ils l'ont toujours abaissé jusqu'à eux et ils s'étonnent qu'en un jour de révolution le peuple les dépasse.

Ils font l'effet du soufflet pour attiser le feu, sans prévoir qu'ils seront les premières victimes de l'incendie.

Ils nient le principe de l'Ordre et ils luttent au nom des intérêts, au nom d'une position acquise, se berçant du chimérique espoir de calmer les masses soulevées et d'être obéis lorsqu'ils diront : « Jusque-là et pas plus loin. »

Nos prétendus meneurs du peuple ont fait la Révolution de Juillet et les autres. Au nom de quel principe? Au nom de la liberté! Misère! La liberté est le fruit de l'ordre; elle en est l'effet, jamais la cause.

Renverser le principe d'ordre pour avoir la liberté, c'est tuer la poule pour avoir les œufs.

Ces hommes sont semblables à un fou qui mine le fondement d'un édifice et qui est tout stupéfait d'en voir s'écrouler le toit, auquel il n'a pas touché.

Ces impuissants de l'ordre s'imaginent pouvoir gouverner sans principe, avec une majorité numérique, croyant qu'un certain nombre de médiocrités posées l'une sur l'autre, feront un grand homme.

La vérité est absolue et n'admet pas de division. L'erreur seule est multiple et muticolore.

Ces soi-disant hommes d'ordre croient pouvoir établir la société et arrêter le mal avec la force de leurs personnalités. Ils ressemblent à ce paysan qui, voyant le filet d'eau formant la source du Danube, l'arrêta avec son pied en s'écriant: « Vont-ils être étonnés à Vienne en voyant le Danube arrêté subitement dans son cours. »

Ils croient pouvoir se mettre en guise de digues à travers les flots qui montent. Erreur ! La masse populaire n'adopte pas de nuance. Le peuple, pour voir clair et juste, a besoin d'un drapeau d'une couleur bien tranchée et levé bien haut. Présentez lui l'ordre dans un principe palpable et visible, il le saisira de ses deux mains, mais il n'entre pas dans les arguties doctrinaires.

Il est pour le chaud ou pour le froid, pour le jour ou pour la nuit, pour le *blanc* ou pour le *rouge*. Il appartient à l'idée, au principe, jamais à l'individu, à moins que cet individu, au lieu d'être une personnalité, ne soit la personnification, c'est-à-dire l'esclave, le missionnaire et, à la rigueur, le martyr d'un principe.

C'est pour n'avoir pas saisi ces vérités élémentaires que la France se tord depuis tant d'années dans les convulsions révolutionnaires. C'est à ces impuissants de l'ordre que nous devons les fatales journées de 1830, de 48, de 52 et de 1870.

Tristes dates ! Elles sont marquées en caractères sanglants dans les annales de notre histoire.

Je ne parlerai pas ici de la grandeur de notre

Patrie bien aimée, amoindrie. Je n'exposerai pas les sacrifices énormes que notre Pays a endurés, grâce à nos dissentions intérieures. Je n'invoquerai pas notre prestige évanoui. C'est beaucoup et ce n'est rien ; mais ce qui est un malheur sans comparaison, c'est le sang versé dans les guerres civiles. Quelle terrible responsabilité pour ceux dont les doctrines ont poussé à un pareil résultat !

Je n'insisterai pas sur l'état de surexcitation, de trouble et de désordre qui régnait en 1870, dans la France entière, lors de la chute du second empire. L'étranger foulait notre sol, la victoire avait abandonné nos drapeaux. L'esprit de vertige s'était emparé des masses, et comme si ce n'était pas assez du sang versé sur la frontière, il fallait encor que nos principales villes fussent transformées en champ de bataille , où des français tuaient des français.

Parmi les époques agitées que contient notre histoire, il n'en est pas à mon avis de plus triste que celle dont je parle.

Tous nous avons encor présent à l'esprit l'état de notre ville, en 1871.

Grâce à l'indifférence des hommes d'ordre, grâce à leur négligence, à leur nonchalance, Marseille semblait une ville envahie par l'ennemi.

Le mal , représenté par quelques séïdes et quelques pauvres d'esprit surexcités par les fameux clubs de l'Alhambra et autres, primait le bien. On ne trouve rien de pareil dans aucune histoire, si ce n'est quelques scènes du Bas-Empire, dans les jours de la décadence romaine.

Une ville de trois cent mille habitants, subissant le joug et les caprices de deux cents écervelés ! Hommes d'ordre, que faisiez-vous alors? où étiez-vous ? vous vous cachiez lorsqu'il fallait se montrer à la foule abusée pour la ramener au calme et à la dignité. Vous trembliez, subissant le joug du désordre, vous fuyiez et vous imploriez tout bas un sauveur. Vous avez, dans ces pénibles circonstances, déserté le poste de l'honneur et du devoir. Nous ne voulons pas jeter le blâme sur tous, il y a eu quelques dévouements isolés, nous le reconnaissons, mais la masse était inerte.

Chacun se doit à son pays, et l'inertie dans les temps de trouble et de désordre est un crime.

La torpeur des hommes d'ordre, amena nécessairement l'armée à jouer un rôle actif dans nos dissentions politiques pour ramener le calme et la tranquilité dans notre ville.

L'armée est, en effet, le soutien de la justice, de l'ordre et de la loi. Élle est le salut de la France. Au milieu de notre décadence, l'armée seule a conservé intactes les saines idées de l'ordre, du respect, de l'obéissance et du dévoûement. Elle pouvait seule, vu l'état des esprits à l'époque dont je parle, sauver notre ville de l'anarchie ; aussi l'histoire redira avec orgueil le nom des généraux qui ont ramené, dans les principales villes de France, le règne de la loi.

Lorsque nous parlons de l'armée, nous ne la séparons pas de la marine. Pour nous, l'armée et la marine ne sont qu'un seul et même corps.

Ce qui nous fait bien espérer de la France, ce qui nous donne la foi en son avenir, c'est de voir les générations nouvelles soumises au régime de l'armée. Elles puiseront dans cette école de salutaires enseignements, et nous ne verrons plus, dans un moment d'invasion de notre sol, ou dans un jour de revanche, les tristes défaillances qui se sont produites lors des douloureux événements dont notre pays a été la victime.

L'intervention nécessaire mais fatale de l'armée dans les affaires de notre ville, devait aboutir inévitablement à une lutte.

Les esprits étaient trop surexcités pour que les paroles de paix et de conciliation pussent être entendues et ramener l'ordre. Les intriguants, les meneurs avaient fanatisé des esprits crédules et naïfs.

La lutte éclata. Inutile d'en rappeler ici les péripéties. Les événements sont encor trop près de nous pour pouvoir les juger sans douleur. Chacun les connaît plus ou moins parfaitement.

Qu'il nous suffise de dire qu'il y eut des victimes. Le sang français fut versé par des français. De braves soldats que le fer ennemi avait épargnés vinrent recevoir la mort de la main de frères égarés, exaltés et excités par quelques ambitieux.

Nous voudrions ici pouvoir nommer tous ceux qui sont tombés dans cette fatale journée du 4 avril, mais il vaut mieux que, loin de raviver des souvenirs pénibles, nous cherchions à apaiser les esprits par des paroles de conciliation et de paix.

Les anciens avaient classé les jours en jours fastes et néfastes, heureux et malheureux. Pour tous les bons citoyens, pour tous ceux qui aiment sincèrement leur pays, cette journée du 4 avril, doit être considérée comme un jour néfaste.

Un peuple qui ne sait pas honorer ses morts est un peuple perdu.

Marseillais! nous avons un grand devoir à remplir. Si nous avons commis une faute nous devons la réparer dans la mesure de nos forces. Il faut que nous pensions à nos victimes, soldats et civils, mais il faut que notre pensée soit généreuse et selon Dieu.

Nous devons prier pour le repos de l'âme, pour le bonheur de nos chers trépassés. C'est dans cette intention, qu'avec le bienveillant assentiment de *l'autorité supérieure*, nous voulons fonder une messe commémorative pour les victimes du 4 avril.

Nous devons tous contribuer à cette bonne œuvre, à cette œuvre expiatoire, à cette pensée du cœur.

Nous sommes assurés, par avance, du bienveillant concours que rencontrera cette idée dans tous les cœurs généreux.

Que notre haine, que nos rivalités disparaissent en songeant à ces innocentes victimes de nos dissentions. Que l'amour de la France, notre commune Patrie, s'incarne de plus en plus dans notre cœur, et que si de nouveaux orages venaient à éclater encor au milieu de nous, nous sachions les conjurer pacifiquement.

Que la Raison soit notre guide commun et non l'Epée, et si quelques pauvres d'esprit, séduits par d'infâmes meneurs, tentaient de ramener le désordre dans notre ville, sachons, hommes d'ordre, par notre énergie et par nos paroles, les ramener dans la droite voie.

Le plus grand des philosophes, l'Homme-Dieu, le Christ, disait à ses amis : « Je vous laisse la paix. » Ce mot comprenait tout. Il ne leur disait pas je vous laisse la richesse, les voluptés, non, il savait que malgré toutes les améliorations que l'on pourrait apporter au bien-être de l'humanité, il y aurait toujours des pauvres, des souffrants ;

mais il leur laissait la paix, qui renferme en elle-même toutes les satisfactions du cœur et de l'esprit.

Les fruits de la Paix sont : le travail, le calme de la conscience, l'union entre tous les esprits, la charité, en un mot, le bonheur pour tous.

Si les victimes dont nous rappelons le souvenir pouvaient nous donner un conseil salutaire, une parole de fraternité, elles ne feraient que répéter les paroles du Christ : Que la paix soit avec vous tous.

FIN.

AVIS

La présente Brochure est en vente :

A L'Agence des Journaux, boulevard Dugommier, 1.
Chez M. Mabilly, libraire, allées de Meilhan, 24.
     M. Crespin, libraire, rue Tapis-Vert, 59.
     M. Lebon, libraire, rue Paradis, 43.
     M. Esménard fils, libraire, rue Paradis, 1.